目次

❶ 違法駐車対策の新制度のあらまし ……………………… 2
（1）改正の背景 ……………………………………………… 2
（2）新制度のあらまし ……………………………………… 3
① 車両の所有者などを対象とした放置違反金の制度が導入されました …… 3
② 民間の駐車監視員が放置駐車違反の確認を行います ………………… 3
③ 悪質・危険、迷惑な違反に重点を置き、短時間の放置駐車も取り締まります …… 3
④ 放置違反金を納付しないと車検が受けられなくなります ………………… 3

❷ 放置駐車違反取締り手続図 ……………………………… 4
―新制度における放置駐車違反の責任追及の流れ―

❸ 新制度のQ&A ……………………………………………… 6
① 放置車両とはどういう状態のものですか？ ……………………………… 6
② 放置車両の確認事務はどのようにして行われるのですか？ …………… 8
③ 放置車両の確認事務の民間委託はどのようになっているのですか？ … 12
④ 駐車監視員は具体的にどういう人で、具体的な活動はどのようなものですか？ … 14
⑤ 新制度によって運転者責任の追及は改正前と変わるのですか？ ……… 18
⑥ 使用者責任の追及はどのように行われるのですか？ ………………… 20
⑦ 放置違反金の額はどのようになりますか？ …………………………… 25
⑧ 車検拒否制度とはどのようなものですか？ …………………………… 26
⑨ 車両の使用制限の基準、使用制限の期間等はどうなりますか？ ……… 28
⑩ 自動二輪車等に係る放置駐車違反の取締り等はどうなりますか？ …… 29

❹ 参考 ………………………………………………………… 30
・駐車監視員活動ガイドライン（モデル） …………………………………… 30
・駐車違反の種類 ……………………………………………………………… 32

資料 新たな駐車対策法制の施行状況について ……………………………… 33

1 違法駐車対策の新制度のあらまし

(1) 改正の背景

　違法駐車は、都市部を中心に常態化し、交通渋滞や交通事故の原因となっているほか、救急車、消防車等の緊急車両の通行や、ゴミ収集作業、除雪作業の妨害になるなど、国民生活に著しい弊害をもたらしています。交通渋滞は、多大な経済的損失をもたらすことはもちろんですが、渋滞中の自動車から排出される窒素酸化物（NOx）等の大気汚染物質や二酸化炭素（CO_2）等の温室効果ガスによる環境への影響も無視できません。また、駐車車両への衝突、駐車車両の陰からの飛び出しなど交通事故の原因にもなるなど、重要な都市問題となっています。

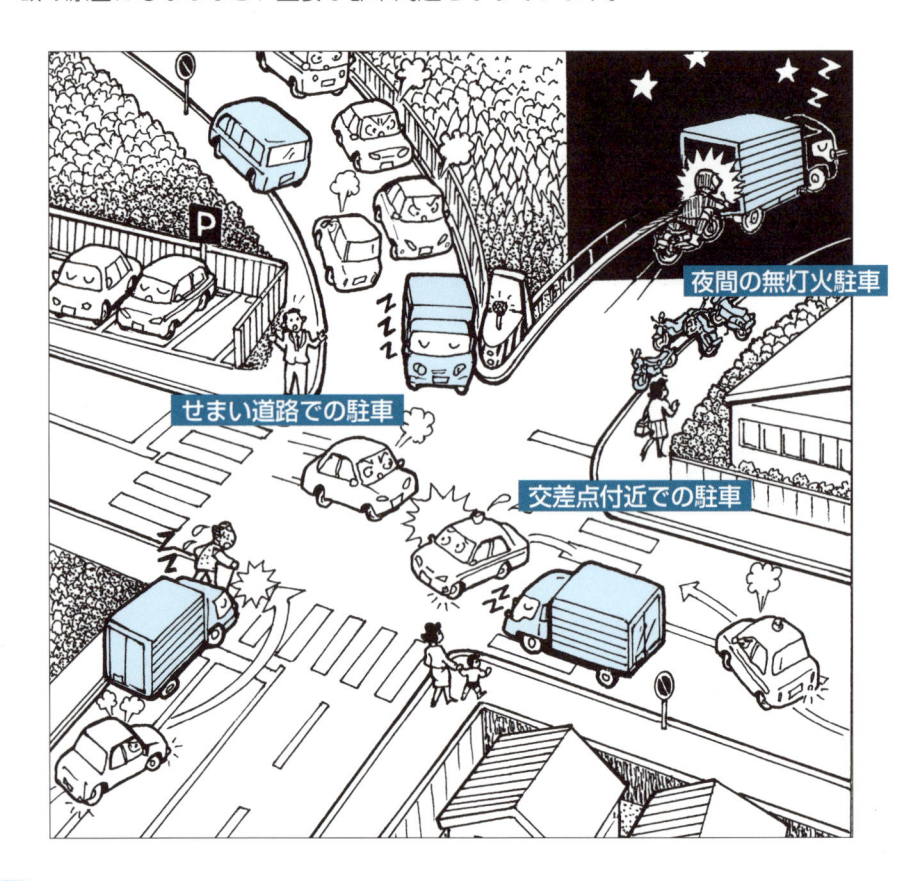

(2) 新制度のあらまし

①車両の所有者など[注]を対象とした放置違反金の制度が導入されました

　放置駐車違反が確認された車両について、運転者が反則金を納付しない場合などには、その車両の所有者などに対して、**放置違反金**（反則金と同額）の納付が命ぜられます。さらに、放置違反金納付命令を繰り返し受けた常習違反者には、一定期間、車両の使用制限が命令されます。（20～28頁参照）

※法律上は、車両を使用する権原を有し、車両の運行を支配、管理する「車両の使用者」が命令の対象となります。

②民間の駐車監視員が放置駐車違反の確認を行います

　民間の駐車監視員が巡回し、放置駐車違反の車両を確認した場合は、その車両に確認標章を取り付けます。（確認標章の取付けは警察官又は交通巡視員も行います。）

　駐車監視員は、地域住民の意見・要望等を踏まえて策定・公表されたガイドラインの定める場所・時間帯を重点に活動します。（8、9頁参照）

③悪質・危険、迷惑な違反に重点を置き、短時間の放置駐車も取り締まります

　1台1台の駐車は短時間でも、そのような駐車が横行すれば、交通の大きな妨げとなるほか事故の原因にもなります。そこで、放置駐車違反の車両については、駐車時間の長短にかかわらず、確認標章を取り付けることとし、安全で円滑な交通の実現を図ります。（6、7頁参照）

④放置違反金を納付しないと車検が受けられなくなります

　放置違反金を滞納して公安委員会から督促を受けた者は、滞納処分による強制徴収の対象となります。また、放置違反金が納付されなければ、車検手続きが完了できなくなります。（26、27頁参照）

（「警察庁・都道府県警察」ポスターより）

2 放置駐車違反取締り手続図

使用者責任追及

運転者不出頭（確認標章取付後3日以内）

↓

使用者

↓

常習違反の場合は **車両使用禁止制限**

弁明通知

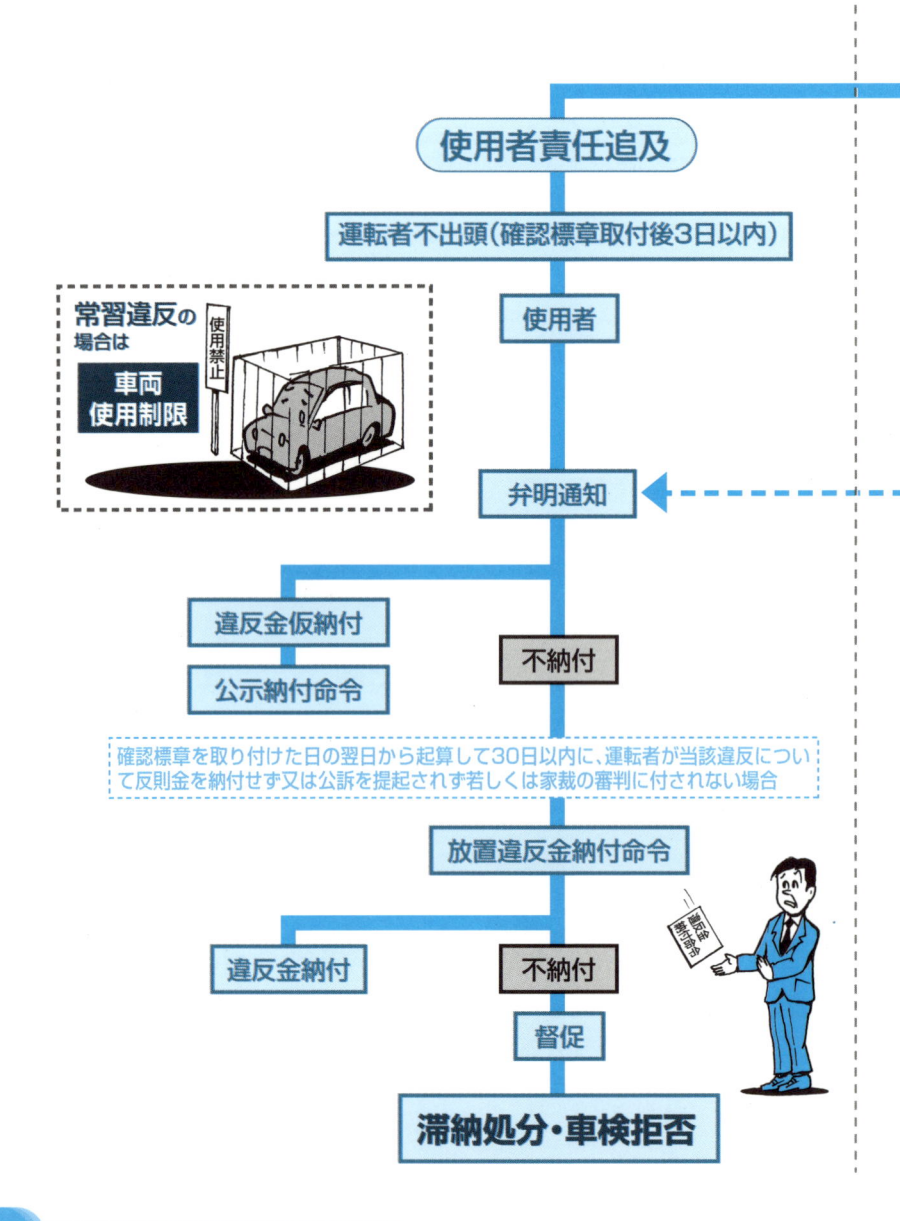

↓

違反金仮納付
公示納付命令 ／ 不納付

確認標章を取り付けた日の翌日から起算して30日以内に、運転者が当該違反について反則金を納付せず又は公訴を提起されず若しくは家裁の審判に付されない場合

↓

放置違反金納付命令

↓

違反金納付 ／ 不納付

↓

督促

↓

滞納処分・車検拒否

4　放置駐車違反取締り手続図

ー新制度における放置駐車違反の責任追及の流れー

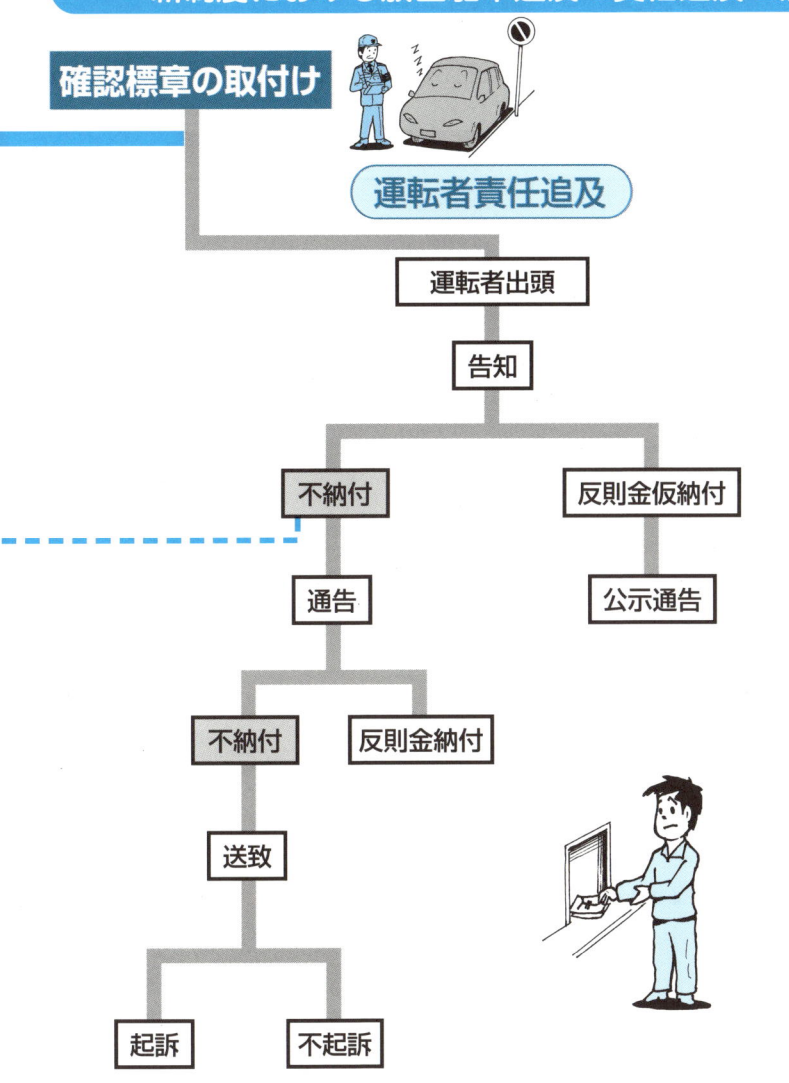

確認標章の取付け

運転者責任追及

運転者出頭
↓
告知
↓
├─ 不納付
│   ↓
│   通告
│   ├─ 不納付
│   │   ↓
│   │   送致
│   │   ├─ 起訴
│   │   └─ 不起訴
│   └─ 反則金納付
└─ 反則金仮納付
     ↓
    公示通告

※放置違反金が納付（仮納付）されても、運転者が当該違反について反則金を納付した場合又は公訴を提起され、若しくは家庭裁判所の審判に付された場合は、放置違反金は還付（返還）されることとなります。
※上図は、標準的な責任追及の流れを示したものであり、悪質な駐車違反については運転者の出頭、不出頭にかかわらず責任追及を徹底することとなります。

放置駐車違反取締り手続図

3 新制度のQ&A

① 放置車両とはどういう状態のものですか？

道路交通法第51条の4第1項では、放置車両とは、違法駐車と認められる場合における車両であって、運転者がその車両を離れて直ちに運転することができない状態にあるものをいうこととされています。

放置車両の確認の対象は自動車、原動機付自転車、重被牽引車となります。

● 放置車両に当たりません。

貨物の積卸しのため5分以内の停車

直ちに運転できます

放置車両ではありません

・駐車とは
＜道路交通法第2条第1項第18号による定義＞

車両等が客待ち、荷待ち、貨物の積卸し、故障その他の理由により継続的に停止すること（貨物の積卸しのための停止で5分を超えない時間内のもの及び人の乗降のための停止を除く。）、又は車両等が停止し、かつ、当該車両等の運転をする者（以下「運転者」という。）がその車両等を離れて直ちに運転することができない状態にあること。

なお、「車両等」には車両のほか路面電車も含まれますが、このうち駐車違反の対象となるのは車両のみです。

●放置車両に当たります。

・新制度における放置駐車の取締りにおいては、駐車時間の長短、エンジンを止めているかどうかなどを問わないこととなります。

❷ 放置車両の確認事務はどのようにして行われるのですか?

○駐車監視員による放置車両の確認事務の流れ

❶
- ○確認事務の委託
- ○警察署におけるガイドライン
  ・ガイドラインは公表されます。

❷ 巡回計画に沿った計画的な巡回
- 駐車監視員は警察署で示されたガイドラインをもとに放置車両確認機関が作成して警察署長の承認を受けた巡回計画に沿って地域・路線の巡回を行い、放置車両の確認作業を行います。
- 駐車監視員の場合は2名以上の一組で確認作業を行います。

❸ 違法駐車と思われる車両の発見

❹ 違法駐車車両であることを確認する

❺ 駐車状況等を撮影する（1回目）
- なるべく規制状況を明らかにしながら、駐車状況等の写真撮影を行います。
- 放置車両のナンバープレート（前又は後）を携帯端末により写真撮影し、その番号を入力します。

⑥ 違反情報入力、現場略図の作成

- 違反車両（車種など）、違反場所、違反態様等の情報を入力します。
- 必要な距離の測定などを行い、現場の略図を作成

作成した略図や入力情報を確認して登録

標章用紙にプリンターで印字する

⑦ 標章を見やすいところに取り付ける

- 警察官、交通巡視員は放置車両であることを確認すると、放置車両確認標章（現行の違法駐車標章は廃止されます）を車両の見やすいところに取り付けます。新制度ではこの確認及び標章の取付けに関する事務の全部又は一部を、公安委員会の登録を受けた法人に委託することができます。

⑧ 標章の取付け状況の写真を撮影する（2回目）

携帯端末で警察署に報告

- 受託法人は、活動結果についての報告書を作成し、警察に提出
- 確認データを報告

警察署でデータ審査

警察署長から公安委員会に報告

新制度のQ&A **9**

○放置車両確認標章について

・取り付けられた放置車両確認標章は、その車両の使用者、運転者その他その車両の管理について責任がある者に限って取り除くことができます（改正前の違法駐車標章のように警察署等に出頭して取り除いてもらう必要はありません）。

・なお、車両の使用者、運転者その他車の管理について責任がある者以外の者が、放置車両確認標章を破損、汚損したり、取り除いたりすると、2万円以下の罰金又は科料に処せられます。

放置車両確認標章

放置車両確認標章
（標章番号）
（登録（車両）番号）　　　　　　　　　　号の使用者　殿

駐車違反
速やかに移動してください。

この車は、"放置車両"であることを確認しました。
この車の使用者は、　　　　公安委員会から放置違反金の納付を命ぜられることがあります。
　なお、この標章が取り付けられた日の翌日から起算して30日以内に、この車を運転し駐車した者がこの違反について反則金の納付をした場合又は公訴を提起され、若しくは家庭裁判所の審判に付された場合は、この限りではありません。

警察署長

取　扱　者
電話番号

違反状況	日　時	
	場　所	
	態　様	

この車の使用者、運転者その他この車の管理責任者以外の者がこの標章を破損・汚損し、又は取り除くと処罰されます。

運転するときは、交通事故防止のため、この標章を取り除いてください。

備考　1　「放置車両確認標章」及び「駐車違反」の文字の書体は、ゴシックとする。
　　　2　記号並びに「放置車両確認標章」及び「放置車両」の文字の色彩は赤色、その他の文字の色彩は紺色又は黒色、地の色彩は黄色とする。
　　　3　図示の長さの単位は、センチメートルとする。
　　　4　前面ガラス及び運転者席の側面ガラス以外の見やすい箇所に取り付ける場合にあつては、図示の縦寸法又は横寸法を3倍まで拡大することができる。

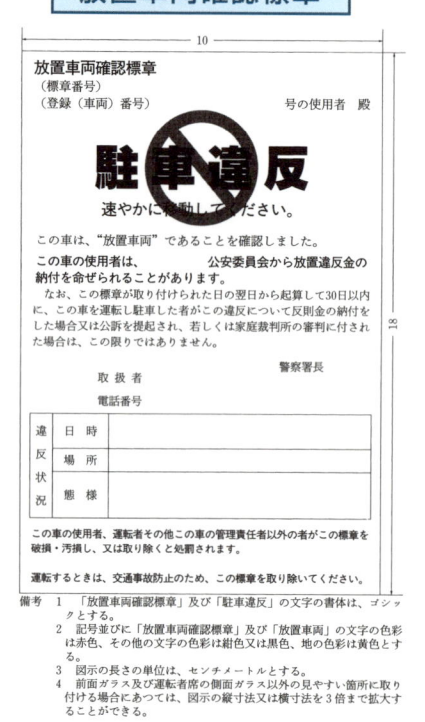

○実際の取締りの運用

　改正前は、通常いわゆるチョーク・チェックにより比較的長時間駐車する車両を主に取締り対象としていましたが、新制度においては、このような運用を行わないこととされています。

　このため、放置車両であることが確認できた車両について、駐車時間の長短にかかわらず、標章の取付け対象とすることとされています。

　なお、放置車両確認標章を取り付ける前に、運転者が戻ってきた場合には、原則としてこれを取り付けず、警告にとどめることとされています。

　警察官、交通巡視員によるいわゆるレッカー移動の要件については、今回の改正によっては、何ら変更がされていません。

❸ 放置車両の確認事務の民間委託はどのようになっているのですか？

　新制度では、良好な駐車秩序の確立を図るとともに、警察事務の合理化を図るため、放置車両の確認と標章の取付けに関する事務（確認事務）を、公安委員会の登録を受けた法人に委託することができることとされました。

　確認事務の公正かつ適確な遂行を確保するため、法人の登録制度により欠格事由に該当する法人を排除するとともに、現場において違反事実の確認と標章の取付けを行うこととなる駐車監視員について資格者証制度が設けられています。

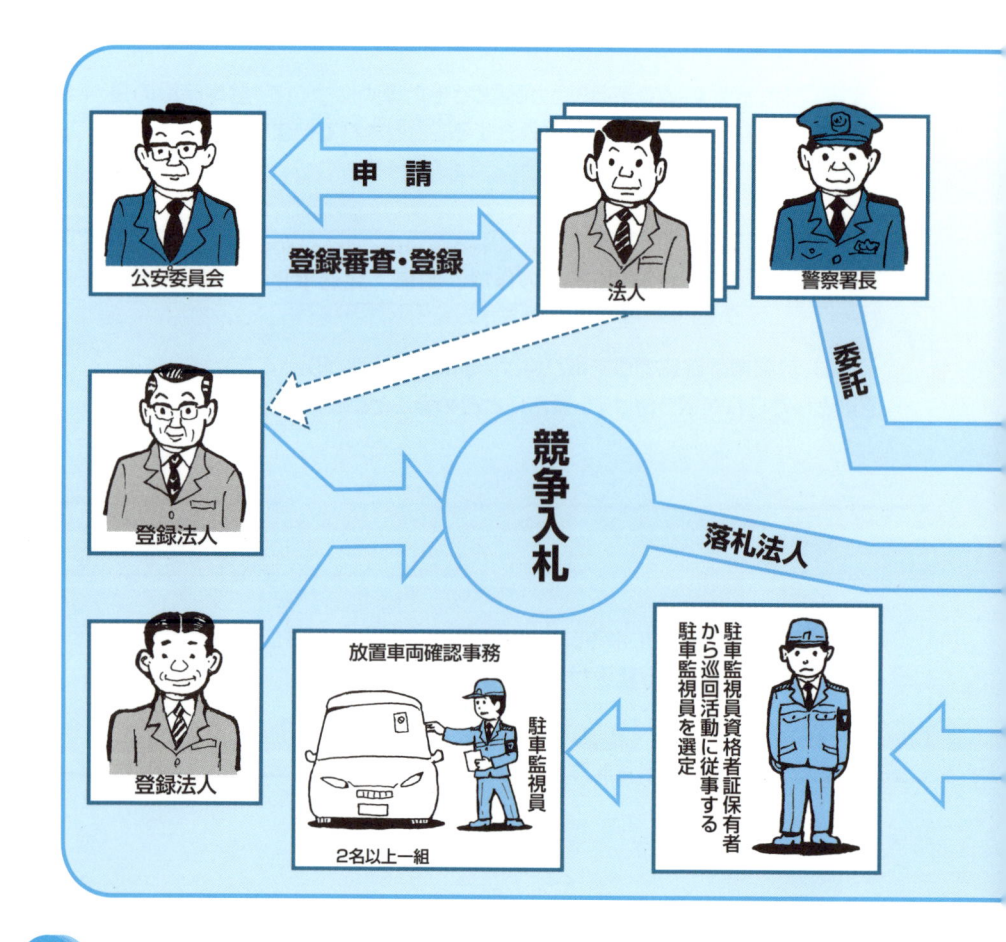

・放置車両の確認等は、事実調査であり、公権力の行使そのものではないため、行政機関以外の者に委託することができることとされています。
・都道府県公安委員会は、法人からの申請を受けて、法定の要件に適合しているか否か等について審査し、登録することとされています。登録の有効期間は3年。
・警察署長は、放置車両の確認及び確認標章の取付けに関する事務を公安委員会の登録を受けた法人に委託することができます。
・警察署長は、原則として競争入札によりこの登録法人から委託先を選定することとなります。委託を受けた法人は放置車両確認機関といいます。
・受託法人は、駐車監視員資格者証保有者を確保します。
・放置車両確認機関の役員、職員（駐車監視員を含む。）又は過去にこれらの職にあった者に秘密保持義務が課せられます。

放置違反金関係事務の委託

・放置車両の確認事務のほか、公安委員会はデータ入力・整理・各種書類の作成・送付等の放置違反金関係事務を民間に委託することができます。この事務は確認事務、納付命令、督促、滞納処分を除く弁明通知書、放置違反金納付命令書、督促状等各種書類の作成、封緘、発送事務、各種データの入力、整理等の作業です。

放置車両確認機関

駐車監視員　職員　役員

秘密保持義務

❹ 駐車監視員は具体的にどういう人で、具体的な活動はどのようなものですか?

資格者制度により駐車監視員資格者証の交付を受けるには次の二つの方法があります。

① 希望者→公安委員会が行う資格者講習を受ける→課程の終了→考査

講習 考査

② 一定の要件を満たす希望者→公安委員会の認定を受ける

認定 公安委員会 考査

＜考査の対象者＞
① 道路交通関係法令の規定の違反の取締りに関する事務に従事した期間が通算して3年以上である者
② 確認事務における管理的又は監督的地位にあった期間が通算して5年以上である者
③ 上記の①及び②に掲げる者と同等の経歴を有する者

・公安委員会が講習課程を修了した者と同等以上の技能及び知識を有する者としての認定をするため考査をします。

駐車監視員とは、公安委員会から駐車監視員資格者証の交付を受けていて、放置車両確認事務を行うために選任された者をいいます。

▶資格者証の交付

資格者証の交付

▶資格者証の交付

資格者証の交付

駐車監視員資格者証

（表）

第　　　号
駐車監視員資格者証
氏　名
生年月日　　　年　月　日
上記の者は、道路交通法第51条の12第3項の駐車監視員としての資格を有する者であることを証明する。
　　　　　年　月　日
　　　　公安委員会印

写真

押出しスタンプ

（裏）

注意事項

1　駐車監視員として放置車両の確認等を行うときは、この駐車監視員資格者証を携帯し、警察官等から提示を求められたときは、これを提示しなければならない。
2　この駐車監視員資格者証の記載事項に変更があったときは、この資格者証の交付を受けた公安委員会に提出して、その書換えを受けること。
3　この駐車監視員資格者証を失ったときは、この資格者証の交付を受けた公安委員会に申請して、再交付を受けることができる。

確認作業中の駐車監視員

制服・帽子・腕章

記章

腕章

・記章は法令で定められていますので、駐車監視員無資格者がこの記章又は偽の記章を用いた場合は、軽犯罪法違反に問われます。

（制服等につきましては、色は実際のものと異なっています。）

警察官及び交通巡視員との違いは

・駐車監視員は、警察官や交通巡視員と異なり、駐車違反をした運転者に対する反則告知や違法駐車車両の移動措置（レッカー移動）の判断を行うことはできません。

（駐車監視員は、レッカー移動すべきと考えられる放置車両を確認したときは、警察署長に通報することはできます。）

駐車監視員の活動など

- 駐車監視員は、警察署で示されたガイドラインを踏まえ、放置車両確認機関が作成した巡回計画に従って地域、路線を2名以上が一組で巡回します。その際、駐車監視員資格者証を携帯し、警察官等から求められたときはこれを提示しなければなりません。
- ガイドラインは、駐車監視員が重点的に巡回、活動する路線・地域及び時間帯を定めて一般に公表されます。
- 確認事務遂行中は、定められた記章・制服の着用の義務があり、一目で駐車監視員であることを明確にします。
- 確認は、携帯端末、デジカメ、確認標章プリンター等を使用します。機材は警察署から貸与されます。
- 確認事務従事中は公務員と見なされ（「みなし公務員」）、暴行や脅迫を受けた場合は暴行や脅迫を加えた者に公務執行妨害罪が適用されます。
  → 「公務執行妨害罪」3年以下の懲役又は禁錮
- 駐車監視員に賄賂を供与した場合、「贈賄罪」が適用されます。
  → 「贈賄罪」3年以下の懲役又は250万円以下の罰金（駐車監視員が賄賂を受領した場合「収賄罪」となります。）

秘密保持義務があります。

- 確認事務に関して知り得た秘密等をもらしてはならない秘密保持義務があります。

〈参考〉道路交通法

（放置車両確認機関）

第51条の12

6　放置車両確認機関の役員若しくは職員（駐車監視員を含む。次項において同じ。）又はこれらの職にあつた者は、確認事務に関して知り得た秘密を漏らしてはならない。

7　確認事務に従事する放置車両確認機関の役員又は職員は、刑法その他の罰則の適用に関しては、法令により公務に従事する職員とみなす。

第117条の4　次の各号のいずれかに該当する者は、1年以下の懲役又は30万円以下の罰金に処する。

　一　第51条の12（放置車両確認機関）第6項又は第51条の15（放置違反金関係事務の委託）第2項の規定に違反した者

❺ 新制度によって運転者責任の追及は改正前と変わるのですか？

・放置車両確認標章を見るなどして運転者が出頭した場合は一般に《出頭→反則告知→点数加算（違反点数：駐停車禁止違反 3点、駐車禁止違反 2点）》という流れとなり、改正前と変わりありません。ただし、新制度においては、運転者の責任追及ができない場合には、車両の使用者の責任を追及できることとなりました。

運転者責任の追及

放置車両確認標章　運転者

運転者不出頭

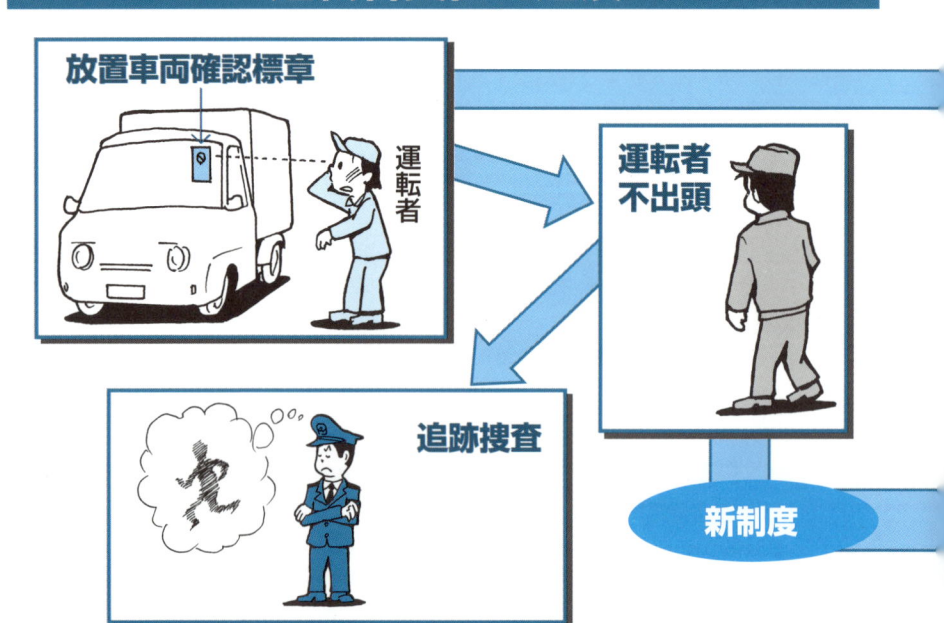

追跡捜査

新制度

新制度の位置づけ

・従来の制度においては違法駐車行為をした違反者の特定が困難であり、逃げ得が見られました。そこで、新制度においては、運転者が出頭せず反則金が納付されない場合などに、車両の使用者に放置違反金の納付命令を行うことになりますが、これは車両の使用者は、車両の使用による大きな社会的便益を享受し、車両の包括的運行支配を有する立場にあることから、放置駐車違反の責任を問うこととしたものです。

運転者出頭 → 告知（反則金）

反則金不納付

反則金納付

新制度
使用者責任の追及

・放置違反金を仮納付した後、運転者が出頭して反則金の納付があったり、公訴提起があった場合は、放置違反金は使用者に返還されることとなります。

❻ 使用者責任の追及はどのように行われるのですか？

　新制度において、公安委員会は、まず、車両の使用者に対し弁明の機会を与えるとともに、早期に手続を終結できるために放置違反金の仮納付書を送付します。使用者が放置違反金を仮納付した場合は、公示して放置違反金納付命令を行います。
　仮納付金不納付の場合は、放置違反金納付命令書が送付されます。

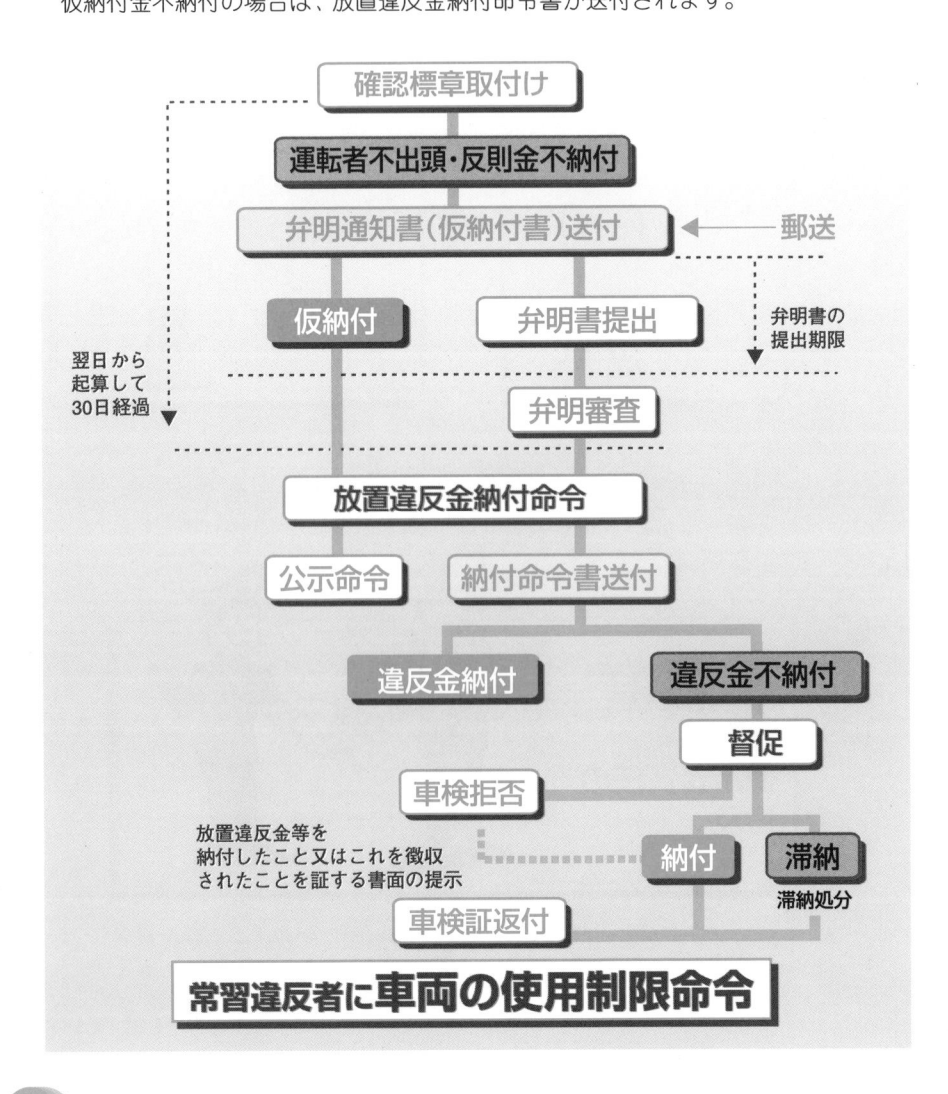

```
確認標章取付け
    ↓
運転者不出頭・反則金不納付
    ↓
弁明通知書（仮納付書）送付  ← 郵送
    ↓
仮納付／弁明書提出          弁明書の提出期限
    ↓
（翌日から起算して30日経過）
弁明審査
    ↓
放置違反金納付命令
    ↓
公示命令／納付命令書送付
    ↓
違反金納付／違反金不納付
              ↓
             督促
車検拒否      ↓
          納付／滞納（滞納処分）
放置違反金等を納付したこと又はこれを徴収されたことを証する書面の提示
    ↓
車検証返付
    ↓
常習違反者に車両の使用制限命令
```

使用者とは
- 使用者とは、車両の運行を支配し、管理する者で、通常は自動車検査証に記載されている使用者をいいます。
- 例えば、会社等が保有する車では、会社等が使用者（自動車使用者の欄に支店名や営業所名が記載されても、当該会社等）となります。レンタカーの使用者は、レンタカー会社。
- また、通常、割賦販売による車両、リース車両等は販売、リースを受けている者が使用者となります。

使用者の義務
- 使用者は運転者に駐車に関して法令を遵守させるよう努めるとともに、駐車場所の確保をするなど自ら必要な措置を講ずる義務があります。

使用者責任の追及
- 運転者不出頭の場合などで運転者責任の追及ができない場合は、使用者責任の追及がされることとなります。

○ 放置違反金納付命令は、放置違反金の額並びに納付の期限及び場所を記載した文書により行われます。

○ 責任を追及される使用者には、弁明の機会が与えられ、弁明通知書には、違反事実、違反金額、弁明書の提出先及び提出期限などが記載されています。

○ 放置違反金納付命令を受ける者の所在が判明しないときの弁明通知は、公安委員会の掲示板で掲示されます。

○ 公安委員会は、確認標章を取り付けられた車両の使用者、所有者その他の関係者に対し、車両の使用に関し必要な報告又は資料の提出を求めることができます。公安委員会の求めに対し、報告をせず、若しくは資料の提出をせず、又は虚偽の報告をし、若しくは虚偽の資料を提出した者は、10万円以下の罰金が科せられます。

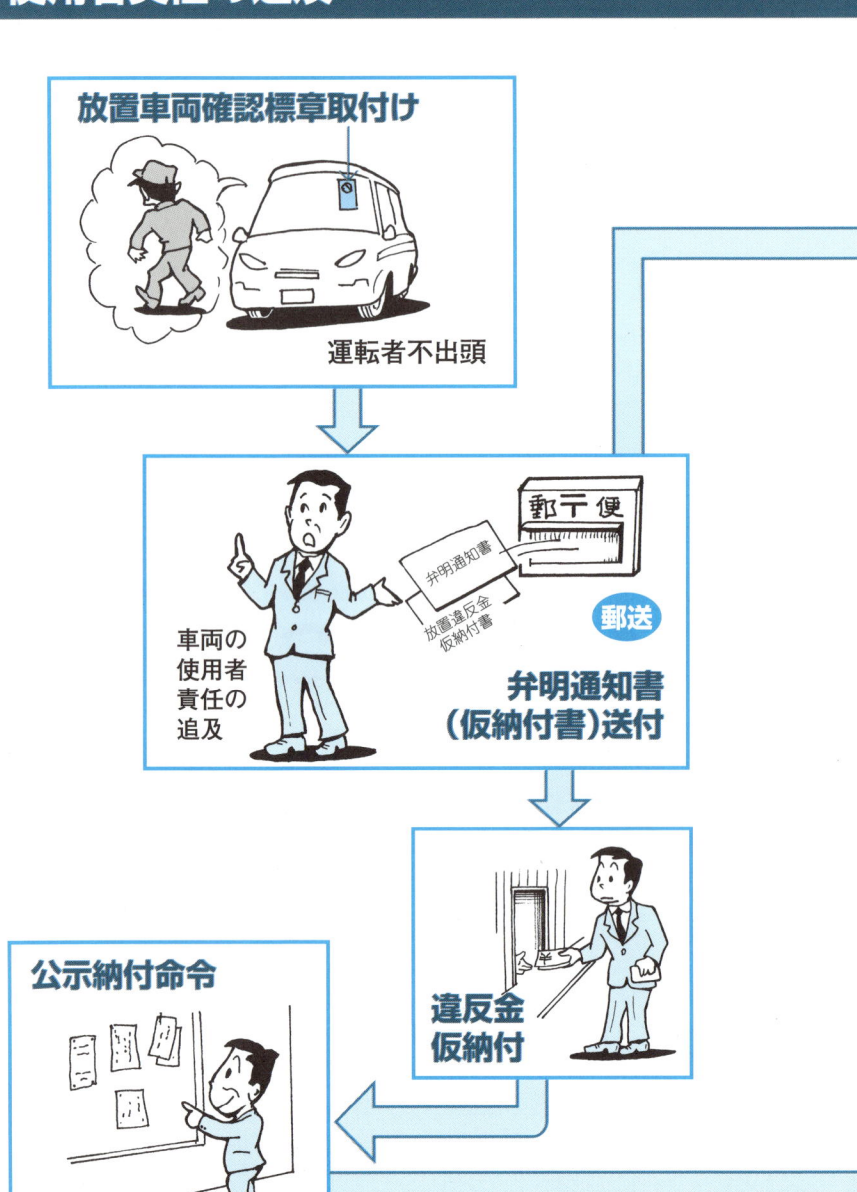

使用者責任の追及

放置車両確認標章取付け

運転者不出頭

↓

車両の使用者責任の追及

郵送

弁明通知書（仮納付書）送付

↓

違反金仮納付

↓

公示納付命令

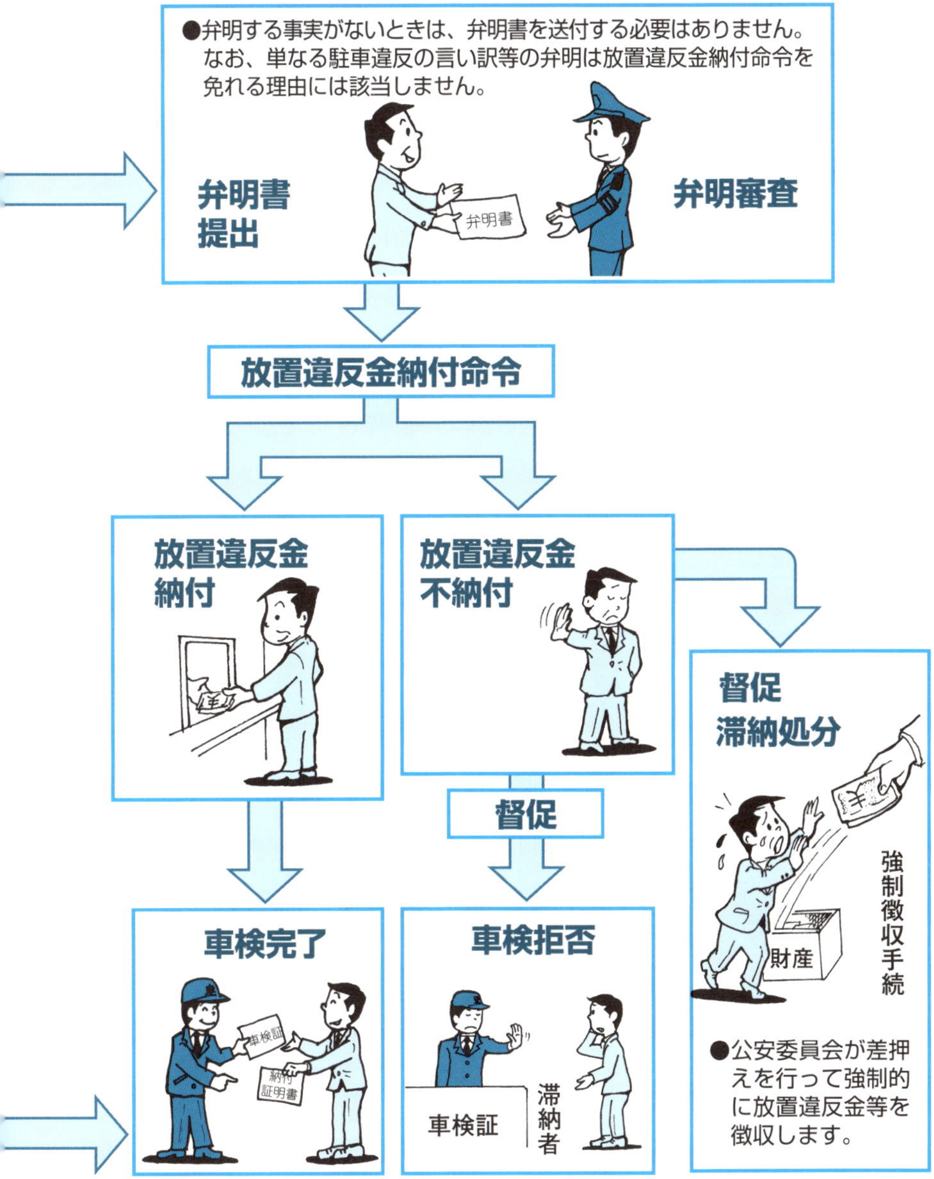

●弁明する事実がないときは、弁明書を送付する必要はありません。なお、単なる駐車違反の言い訳等の弁明は放置違反金納付命令を免れる理由には該当しません。

弁明書提出 → **弁明審査**

↓

放置違反金納付命令

↓

- **放置違反金納付** → **車検完了**
- **放置違反金不納付** → **督促** → **車検拒否** / **督促滞納処分**（車検証／滞納者／財産／強制徴収手続）

●公安委員会が差押えを行って強制的に放置違反金等を徴収します。

新制度のQ&A 23

＜参考＞ 車両の使用者の義務

駐車に係る車両の使用者の義務の強化

- 運転者に車両の速度、駐車及び積載並びに運転者の心身の状態に関し、道路交通法等に規定する事項を遵守させるよう努める義務（**道路交通法第74条第2項**）
- 適正な駐車場所の確保その他駐車に関しての車両の適正な使用のために必要な措置を講ずる義務（**道路交通法第74条の2**）

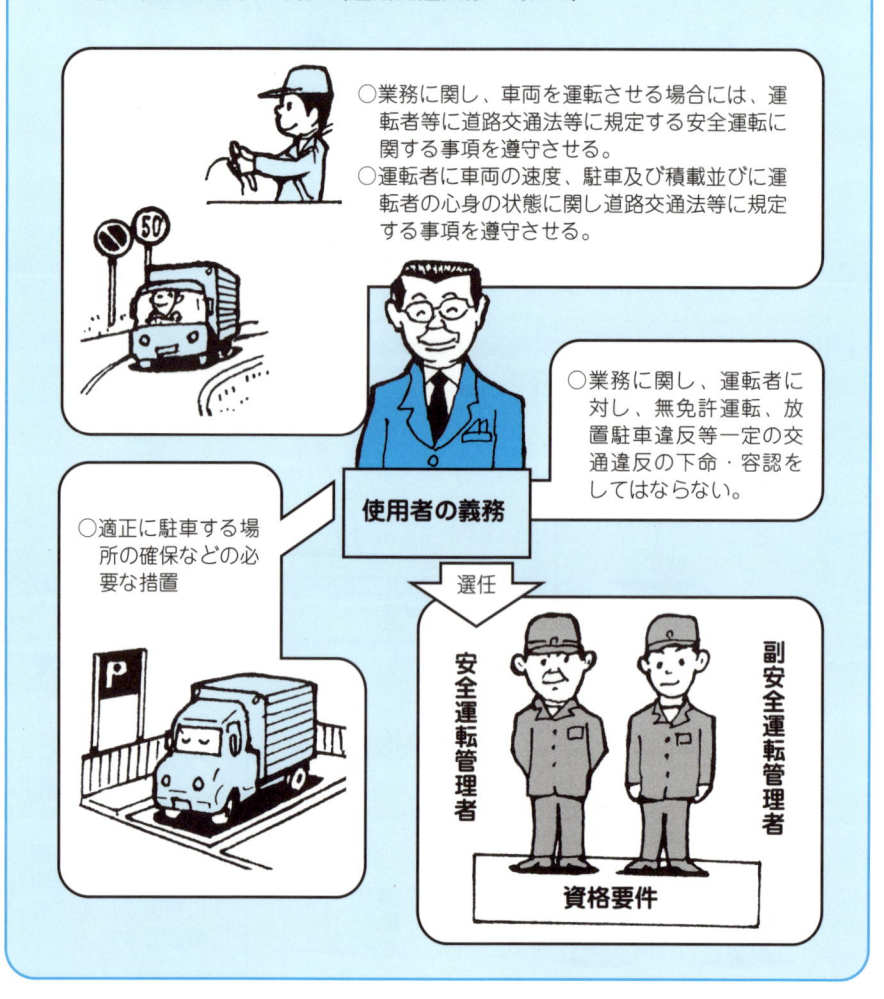

○業務に関し、車両を運転させる場合には、運転者等に道路交通法等に規定する安全運転に関する事項を遵守させる。

○運転者に車両の速度、駐車及び積載並びに運転者の心身の状態に関し道路交通法等に規定する事項を遵守させる。

○業務に関し、運転者に対し、無免許運転、放置駐車違反等一定の交通違反の下命・容認をしてはならない。

○適正に駐車する場所の確保などの必要な措置

使用者の義務

↓選任

安全運転管理者　副安全運転管理者

資格要件

7 放置違反金の額はどのようになりますか？

・放置違反金の額は反則金と同額になります。

放置違反金の額

放置車両の態様	放置車両の種類		
	大型自動車等	普通自動車	自動二輪車等
駐停車禁止場所等に駐車	25,000円	18,000円	10,000円
駐車禁止場所等に駐車	21,000円	15,000円	9,000円
時間制限駐車区間で時間超過など	12,000円	10,000円	6,000円

（注）大型自動車等とは大型自動車、大型特殊自動車、重被牽引車をいいます。
自動二輪車等とは大型自動二輪車、普通自動二輪車、小型特殊自動車、原動機付自転車をいいます。

　　放置違反金は、滞納していると延滞金と督促に要した手数料が加算され、強制的に徴収されることがあります。地方税の滞納処分の例により、公安委員会により預金債権や給与債権等の差押え等の措置がとられます。

・放置違反金は、銀行、郵便局等の金融機関で納めることとなります。
・放置違反金は、都道府県の収入となります。

❽ 車検拒否制度とはどのようなものですか？

・新制度においては、放置違反金を納付せず、公安委員会から督促を受けた放置車両の使用者は、次回の車検手続を完了することができないこととなります。
・督促が行われたときは、警察庁から国土交通省等に情報が通知されます。
・督促を受けた自動車が、運輸支局等に継続検査又は構造等変更検査のために持ち込まれた場合には、放置違反金等を納付したこと、又はこれを徴収されたことを証する書面の提示がなされなければ、車検証の返付を拒否することとされており、これにより放置違反金の納付を促すものです。

放置違反金滞納情報照会への対応

- 弁明通知、納付命令及び督促の各機会をとらえて、放置違反金等を納付しない場合は、車検拒否の対象となる旨が教示されますが、車検拒否の対象となっているか否かが分からない場合などは、当該自動車の使用者本人又はその代理人がこれを確認するための照会（放置違反金滞納情報照会）を行うことができます。

納付書の再発行

- 放置違反金等を納付するためには、納付書が必要となります。
- 納付書の様式や納付を受け付ける金融機関は、各都道府県によって異なります。
- 納付書は、納付命令書や督促状に同封されますが、これを紛失した場合は、当該納付命令をした都道府県警察に再発行を申請することができます。再発行の窓口や方法は、各都道府県によって異なりますが、各都道府県警察のホームページ等で確認することができます。

放置違反金等を納付したこと等を証する書面の交付

- 放置違反金等を納付したこと、又はこれを徴収されたことを証する書面は、放置違反金等が各都道府県の指定金融機関等の窓口で納付された場合は、当該金融機関の窓口において領収証書等が交付されますので、これを車検場で提示することとなります。
- 自動車の使用者がこの領収証書を紛失した場合などは、放置違反金の納付を命じた公安委員会に「納付・徴収済確認書」の交付を申請することとなります。申請は、申請書に所定の事項を記入し、警察署の窓口に提出するか、都道府県警察本部に郵送して行うこととなります。

自動車整備事業者に継続検査等の手続を依頼した場合

- 継続検査等に係る手続を依頼された自動車整備事業者が、当該自動車が車検拒否制度の対象となっているか否かを知るために、放置違反金滞納情報の照会を行うことがあります。自動車整備事業者が放置違反金滞納情報照会を行う際には、当該自動車の使用者に照会の同意を事前に得ることが必要とされています。
- また、納付書の再発行や納付・徴収済確認書の交付に係る申請を、自動車使用者の委任状を得て行うこともできます。

❾ 車両の使用制限の基準、使用制限の期間等はどうなりますか?

- 放置違反金納付命令を受けた場合、その違反前6月以内に、一定回数以上納付命令を受けた場合、3月を超えない範囲内の期間の使用制限命令がなされます。
- 制限期間中は運転禁止標章が取り付けられます。
- 使用制限命令に違反した場合は、3月以下の懲役又は5万円以下の罰金が科せられます。

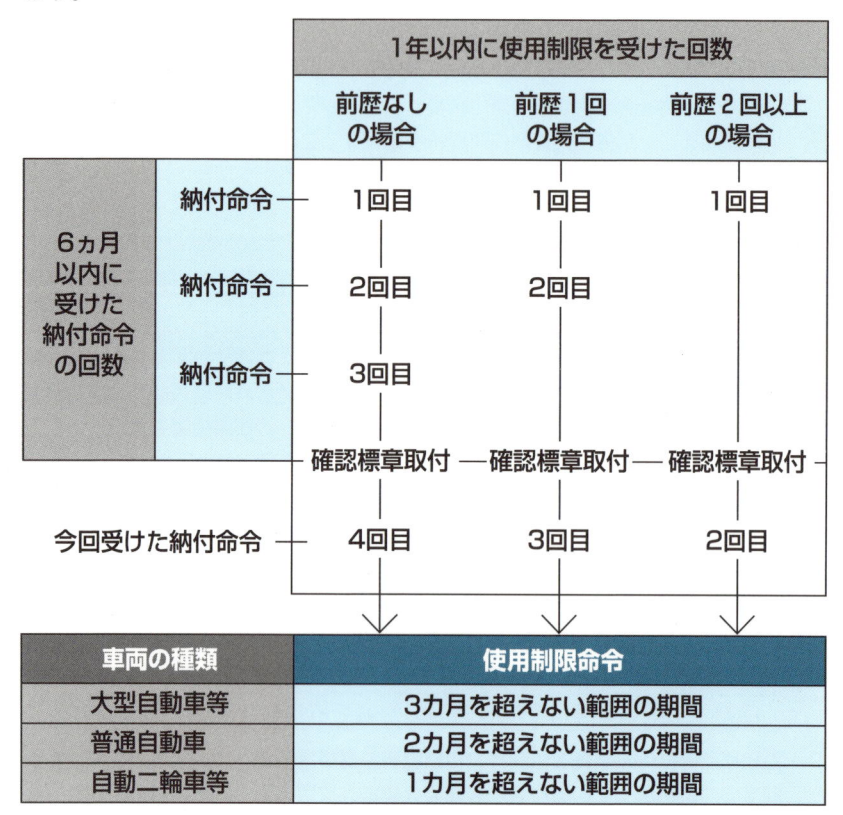

		1年以内に使用制限を受けた回数		
		前歴なしの場合	前歴1回の場合	前歴2回以上の場合
6ヵ月以内に受けた納付命令の回数	納付命令	1回目	1回目	1回目
	納付命令	2回目	2回目	
	納付命令	3回目		
		確認標章取付	確認標章取付	確認標章取付
今回受けた納付命令		4回目	3回目	2回目

車両の種類	使用制限命令
大型自動車等	3カ月を超えない範囲の期間
普通自動車	2カ月を超えない範囲の期間
自動二輪車等	1カ月を超えない範囲の期間

⑩ 自動二輪車等に係る放置駐車違反の取締り等はどうなりますか？

- 大型自動二輪車、普通自動二輪車又は原動機付自転車に係る放置駐車違反は、歩行者等の交通の安全及び円滑の確保や高齢者、障害者等の移動の円滑化を図る上で支障となるほか、市街地の都市機能の低下、生活環境の悪化等につながるものであり、良好な駐車秩序の確立を目的とする改正道路交通法の施行に伴い、自動二輪車等に対する取締り等に積極的に取り組んでいくこととなりました。

- 具体的には、駅周辺、商店街、繁華街など自転車、歩行者等の交通が輻輳し、市区町村が放置自転車等の定期的な撤去等に取り組んでいる地域においては、市区町村と連携を図りつつ、自動二輪車等に係る放置駐車違反の取締りを積極的に推進することとされています。その他の地域においても、悪質性、危険性、迷惑性の高い違反に重点を指向して、これらの違反の取締りを推進することとされています。

<4 参考> 駐車監視員活動ガイドライン(モデル)

(○年○月○日策定)

　駐車監視員とは、警察署長の委託を受けた法人の下で、地域を巡回し、放置車両の確認や確認標章の取付けなどの仕事を行う人のことであり、法律上の資格が必要とされています。(反則告知をしたり、金銭を徴収したりすることはありません。)
　本ガイドラインは、このような駐車監視員の活動方針を定めるものです。

活動方針　駐車監視員は、下記の路線、地域、時間帯を重点に巡回し、放置車両の確認等を実施する。

重点路線

●最重点路線

路線(区間)	重点時間帯
国道○○号(□□交差点～△△交差点の間)	終日

●重点路線

路線(区間)	重点時間帯
県道○○線(□□交差点～△△交差点の間)	7時～9時、17時～19時
市道凸凹線(□□交差点～△△交差点の間)	バス運行時間帯

重点地域

●最重点地域

地域	重点時間帯
国道○×号(××交差点～○○交差点までの間)及びその周辺	終日
△△駅周辺(違法駐車防止条例重点地区)	終日

●重点地域

地域	重点時間帯
□□地区繁華街	15時～夜間(特に週末)
凸凹町商店街、○○町商店街及びその周辺	10時～18時(特に休祝日)
△△小学校周辺、□□小学校周辺	登下校時間帯
凸凹団地周辺、○○市営住宅周辺	午後～夜間
△△海水浴場周辺	海水浴期間中終日

●自動二輪・原付重点地域

地域	重点時間帯
△△駅周辺	終日(特に休祝日)

○○県○○警察署

違法駐車取締り活動方針(モデル)

(○年○月○日策定)

　○○警察署においては、下記の路線、地域、時間帯を重点に駐車違反取締り活動を推進する。
　ただし、違法駐車の状況、駐車苦情、交通事故の発生状況等を踏まえ、その他の場所、時間帯においても必要に応じて違法駐車の取締りを行う。

●重点路線

重点路線	県道○○線(□□交差点～△△交差点の間)
	市道凸凹線(□□交差点～△△交差点の間)(バス運行時間帯)

●重点地域

重点地域	△△駅周辺(違法駐車防止条例重点地区)
	凸凹町商店街、○○町商店街及びその周辺
	△△小学校、□□小学校周辺(登下校時間帯)
	凸凹団地周辺、○○市営住宅周辺

●自動二輪・原付重点地域

△△駅周辺

○○県○○警察署

取締り活動ガイドラインについて

・従来以上にメリハリをつけた取締りを行うことが、駐車違反取締りへの国民の理解を得る上で必要と考えられます。新制度の下では、確認事務を委託する警察署を中心に、地域住民の方々のご意見、ご要望を踏まえて、重点的に取締りを行う場所、時間帯等を定めたガイドラインを策定することとされ、これに沿った取締りが行われることになります。
・ガイドラインは、警察署等の掲示板、警察のホームページでの掲載、広報紙による掲載などで公表されています。
・ガイドラインの見直しは、違法駐車の状況の変化、違法駐車が一因となったと認められる交通事故、交通渋滞の発生状況の変化、違法駐車取締りに関する意見、要望の変化など、実態を反映したものとなるよう、随時行われます。

＜民間委託を行う警察署において＞
「駐車監視員活動ガイドライン」が策定、公表されます。
＜民間委託を行わない警察署においては＞
必要に応じて「違法駐車取締り活動方針」が策定、公表されます。

駐車違反の種類

禁止場所違反	駐停車禁止場所	指定	
		法定	●交差点・横断歩道・自転車横断帯・踏切・軌道敷内・坂の頂上付近・勾配の急な坂・トンネル
			●交差点の側端・まがりかどから5メートル以内
			●横断歩道・自転車横断帯の前後側端から5メートル以内
			●安全地帯左側部分及びその前後側端から10メートル以内
			●停留所(場)の標示柱(板)から10メートル以内
			●踏切前後側端から10メートル以内
	駐車禁止場所	指定	
		法定	●路外施設の出入口から3メートル以内
			●工事区域の側端から5メートル以内
			●消防器具置場、消防用防火水槽の側端又はこれらの道路に接する出入口から5メートル以内
			●消火栓、指定消防水利の標識又は消防用防火水槽の吸入口若しくは吸管投入孔から5メートル以内
			●火災報知機から1メートル以内
	無余地場所	指定	
		法定	
駐車方法違反	●左側端に沿わない ●交通妨害 ●路側帯設置場所で法定方法に従わない ●路側帯設置場所で交通妨害 ●指定方法に従わない		
時間制限駐車区間での違反	●時間制限駐車区間で指定部分・方法に従わない ●時間制限駐車区間で時間超過 ●時間制限駐車区間で駐車したが、パーキング・メーターを直ちに作動させない ●時間制限駐車区間で駐車したが、パーキング・チケットの発給を直ちに受けない 又は 時間制限駐車区間で駐車し、パーキング・チケットの発給を直ちに受けたが、前面の見やすい箇所に掲示しない ●時間制限駐車区間で警察署長の指定した駐車終了時刻を経過した駐車		
高速自動車国道等における違反			

※　　　　の違反は、道路交通法第51条の4第1項にいう「違法駐車と認められる場合」に該当せず、駐車監視員が確認標章を取り付ける対象となりません。

資料 新たな駐車対策法制の施行状況について

〔警察庁資料（平成18年9月13日付け）による〕

1 放置車両の確認等の状況（施行後3か月間）

	委託警察署	非委託警察署	放置車両確認標章取付件数	うち告知件数
6月	112,681	41,444	154,125 (5,138)	32,503
7月	159,882	47,251	207,133 (6,682)	51,820
8月	187,275	50,625	237,900 (7,674)	56,910
合計	459,838	139,320	599,158 (6,513)	141,233

＜委託警察署＞

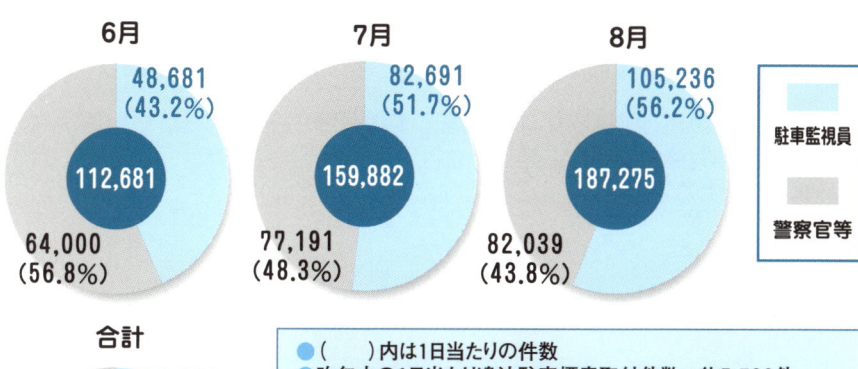

6月 112,681
- 駐車監視員 48,681 (43.2%)
- 警察官等 64,000 (56.8%)

7月 159,882
- 駐車監視員 82,691 (51.7%)
- 警察官等 77,191 (48.3%)

8月 187,275
- 駐車監視員 105,236 (56.2%)
- 警察官等 82,039 (43.8%)

合計 459,838
- 駐車監視員 236,608 (51.5%)
- 警察官等 223,230 (48.5%)

- （　）内は1日当たりの件数
- 昨年中の1日当たり違法駐車標章取付件数　約5,700件
- 放置車両確認標章取付件数（合計）のうち告知件数の占める割合　23.6%
- 貨物自動車に対する放置車両確認標章取付件数　93,648件（15.6%）
  - 昨年中の放置駐車違反取締件数に占める貨物自動車の割合 15.1%
  - 東京23区内の瞬間路上駐車に占める貨物自動車の割合 42.6%（平成17年10月調査）

資料 33

2 駐車許可事務の取扱い状況(施行後3か月間)

		6月	7月	8月	累計
許可件数		51,594件	38,654件	31,693件	121,941件
1日当たり		約1,720件	約1,250件	約1,020件	約1,330件
	前年比	約2.6倍	約1.9倍	約1.5倍	約2.0倍

● 用務別では、訪問介護等(73,977件)、貨物の集配等(33,746件)の順に多い。

3 駐車規制の見直し状況(平成16年1月から平成18年8月末までの間)

約26,000区間、約20,900km(約11.5%)の駐車規制を解除・緩和しました。(このうち、平成18年6月から8月末までの間では、約1,400区間、約1,300km(約0.7%)増)

4 新駐車対策法制による効果(別紙参照)

違法駐車台数の減少、道路交通の円滑化、駐車環境の変化等の効果がありました。また、新駐車対策法制施行に伴う交通円滑化による便益や環境保全効果についての試算が行われました。

5 その他

小包郵便物を集配する車両を駐車禁止規制等の交通規制の対象から除外する措置の見直し、駐車許可制度の運用の在り方等について、関係団体等の要望を踏まえて引き続き検討中です。

＜別紙＞ 新駐車対策法制による効果の事例等

1 違法駐車台数の減少

放置駐車台数の減少

警視庁 ● 主要路線（晴海通り、新宿通り、明治通り等10路線、約32.1km）における瞬間放置駐車台数

| H18.5.24 1,051台 | → −73.9% → | H18.8.23 274台 |

※調査時間：14時から16時

大阪府警察 ● 御堂筋（阪急前〜難波〜新歌舞伎座前、約4.0km）における瞬間放置駐車台数

| H18.5.25 543台 | → −73.3% → | H18.8.25 145台 |

※調査時間：14時台、17時台、21時台（3回の合計）

愛知県警察 ● 中区錦三丁目地内（6路線）における瞬間放置駐車台数

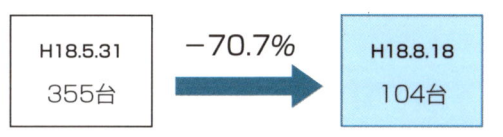

| H18.5.31 355台 | → −70.7% → | H18.8.18 104台 |

※調査時間：20時から21時

2 道路交通の円滑化

交通渋滞の減少

警視庁 ● 主要路線（晴海通り、新宿通り、明治通り等10路線、約32.1km）

（渋滞長）

| H17.6〜8月 12.53km | → −27.2% → | H18.6〜8月 9.12km |

（平均旅行時間）

| H17.6〜8月 20分10秒 | → −9.5% → | H18.6〜8月 18分15秒 |

※渋滞長は、各区間における1時間ごとの平均渋滞長の合計
※平均旅行時間は、5kmに換算した値
※計測時間は、渋滞長及び平均旅行時間ともに14時から16時

大阪府警察

●四つ橋筋（元町2〜阪神前、約4.7km）

（渋滞時間）

| H17.6〜8月 320分 | −23.1% | H18.6〜8月 246分 |

（平均旅行時間）

| H18.5月 19分48秒 | −11.8% | H18.6〜8月 17分28秒 |

●堺筋（恵美須〜南森町、約4.9km）

（渋滞時間）

| H17.6〜8月 153分 | −26.8% | H18.6〜8月 112分 |

（平均旅行時間）

| H18.5月 24分24秒 | −17.8% | H18.6〜8月 20分03秒 |

※渋滞時間は、1日当たりの渋滞発生時間の平均（8時から20時までの間計測）
※平均旅行時間は、15時から16時までの間、四つ橋筋から約3.9km、堺筋約4.0kmの区間の計測
※土日祝日は、計測せず

路線バスの定時運行

京都府警察

※京都市交通局調べ

●河原町通（御池通→五条通、約1.7km）（南行き）

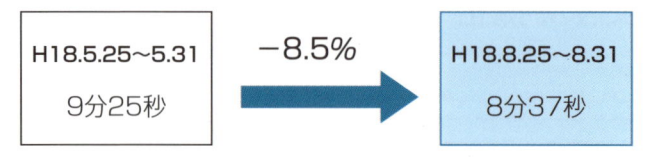

| H18.5.25〜5.31 9分25秒 | −8.5% | H18.8.25〜8.31 8分37秒 |

●四条通（河原町通→堀川通、約1.6km）（西行き）

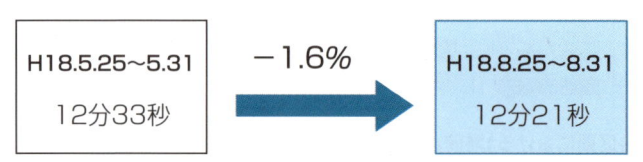

| H18.5.25〜5.31 12分33秒 | −1.6% | H18.8.25〜8.31 12分21秒 |

※9時から18時までの間の平均所要時間

3 駐車環境の整備と利用者の意識変化

駐車場利用台数の増加

神奈川県警察
- 県内の有料駐車場108箇所の瞬間利用台数

調査時間：10時台、15時台（2回の合計）

H18.5.26	+61.7%	H18.8.25
4,452台	→	7,201台

時間制限駐車区間における駐車の増加

警視庁
- パーキング・メーター等の利用状況

※利用台数は、1日当たりの平均

H17.6～8月	+40.3%	H18.6～8月
51,878台	→	72,783台

愛知県警察
- パーキング・メーターの利用状況

※利用台数は、1日当たりの平均

H17.6～8月	+61.4%	H18.6～8月
3,685台	→	5,946台

自動二輪車等の駐車環境の整備

財団法人東京都道路整備保全公社

- 公社運営の自動二輪車等駐車場案内サイト「s-park for riders」への登録

| H17.3月 | 登録場数37場 約800台 | → | H18.7月 | 登録場数93場 約2,100台 |

- 同サイトへのアクセス件数

| H17.6月 | 約5,000件 | → | H18.6月 | 約27,000件 |

- 公社による自動二輪車等駐車場整備助成事業の実施

| H17年度 | 14場346台 | → | H18年度（上半期） | 27場681台（申請分） |

資料 37

4 経済活動及び環境保全への寄与

交通円滑化による便益（試算）

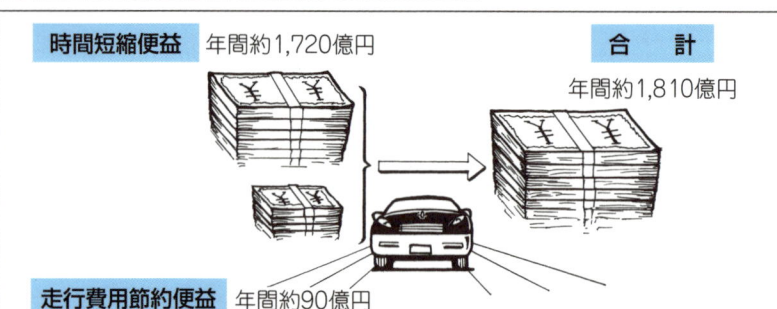

時間短縮便益　年間約1,720億円

合　計　年間約1,810億円

走行費用節約便益　年間約90億円

※1　東京都23区及び14政令指定都市の主要幹線道路約2,200kmを対象に試算
※2　年間約1,810億円は、東京都23区及び14政令指定都市における運転免許保有者（約1,710万人）1人当たりにすると約10,000円の便益に相当
　　　また、全国における確認事務の民間委託費約80億円（予算ベース）の約20倍に相当

環境保全効果（試算）

CO_2排出削減量　年間15万2,000トン

※1　東京都23区及び14政令指定都市の主要幹線道路約2,200kmを対象に試算
※2　年間のCO_2排出削減量は、育成林（主としてスギ、ヒノキなどの人工林）約230平方キロメートル（大阪市の面積とほぼ同等）の年間CO_2吸収量に相当
※3　京都議定書目標達成計画（平成17年4月）における運輸部門に係る2002年度実績から2010年度までの削減目標は、約1,100万トン（年間）

＜本書作成にあたっての主な参考又は引用文献＞
・「駐車監視員資格者必携―違法駐車取締りに携わるすべての人のために―」
　（著／駐車対策研究会、発行／東京法令出版、平成17年4月刊行）
・「月刊交通」（編集／道路交通研究会、発行／東京法令出版、2006年8月号）
・「人と車」（発行／財団法人　全日本交通安全協会、2006年5月号）
・「警察公論」（発行／立花書房、第61巻第4号（平成18年4月号））
・　警察庁、警視庁ホームページ
他